Lernbiene®

... schöne Unterrichtsmaterialien!

Anastasia Stey

Jona – Geborgenheit, Angst & Hoffnung erleben

Eine Lernwerkstatt für Klasse 1–2

WERKSTATTLERNEN

RELIGION

Impressum

1. Auflage 2017

ISBN 978-3-95664-453-5

Titel: Jona – Geborgenheit, Angst & Hoffnung erleben

Inhalt: Anastasia Stey

Illustration: Carla Miller

Weitere: Anne Rasch, Tina Gruschwitz, Eva Lelgemann, Anja Meier, Anja Freudiger

Verlag: Lernbiene Verlag GmbH

Johannisstr. 8

82418 Murnau a. Staffelsee

Tel.: 08841-4868222

Fax: 08841-4868230

http://www.lernbiene.de

Inhalt

Inhalt

Jona – Geborgenheit, Angst & Hoffnung erleben

von Anastasia Stey
mit Illustrationen von Carla Miller

Das Buch Jona ist eine Erzählung aus dem Alten Testament, die bei Kindern sehr beliebt ist. Jona bekommt von Gott den Auftrag, in die Stadt Ninive zu gehen und das Gericht über diese Stadt anzukündigen. Doch Jona flieht vor diesem Auftrag. Auf der Flucht wird er von Seeleuten ins Meer geworfen. Er überlebt dank eines Fisches.
Der Fisch verschluckt ihn und bringt ihn ans Ufer.
Jona erfüllt daraufhin doch noch seinen Auftrag und predigt in Ninive. Die Bewohner tun Buße, was Gott gnädig stimmt.

Ansatz und Ziel der Lernwerkstatt

Das Buch Jona spricht viele menschliche Grunderfahrungen an: Angst, Zorn, Hoffnung, Freude, Sicherheit und Geborgenheit. Diese Grunderfahrungen schaffen eine Brücke zur Lebenswelt der Kinder. Im Mittelpunkt der Lernwerkstatt steht das Hineinfühlen in die Hauptfigur Jona und das Übertragen seiner Erfahrungen auf die eigene Lebenswirklichkeit. Die Jona-Geschichte gibt den Schülern außerdem die Möglichkeit, ihre Gottesvorstellungen zu hinterfragen und weiterzuentwickeln. An Jonas Beispiel wird deutlich, dass der Mensch nicht allein ist:
Er wird von Gott getragen und kann sich geborgen wissen.

Zielgruppe und Differenzierung

Die Lernwerkstatt wurde für das erste und zweite Schuljahr konzipiert. Die Stationsblätter und Lösungen sind separat für die jeweiligen Klassenstufen entworfen worden. Die Stationen für das erste Schuljahr kommen mit sehr wenig Text aus. Ansprechende Bilder und Symbole sorgen dafür, dass bereits Schulanfänger an die offene Arbeitsweise herangeführt werden. Die Stationen für das zweite Schuljahr sind umfangreicher und auch inhaltlich anspruchsvoller.

Erzähltext und Erzählbilder

Bevor die Kinder mit der Arbeit an den Stationen beginnen können, sollten sie die Geschichte von Jona kennenlernen. Die Geschichte zum Vorlesen und Erzählen finden Sie im Anhang der Werkstatt. Sie orientiert sich am biblischen Text und den Inhalten der Lernwerkstatt.
Farbige Erzählbilder finden Sie ebenfalls im Anhang. Die Bilder können Sie laminieren, als Bodenbilder einsetzen, im Klassenzimmer aufhängen und zur Visualisierung nutzen.

Basteln eines Jona-Buchs und Laufzettel

In Station 1 basteln die Kinder ein eigenes Jona-Buch. So prüfen Sie direkt, ob die Kinder die Geschichte verstanden haben. Ein Laufzettel führt die Kinder danach durch die Lernwerkstatt und bietet einen Überblick über die schon erledigten und die noch anstehenden Stationen.

Vorbereitungen vor dem Einsatz der Lernwerkstatt

Falls nicht anders angegeben, sollten Sie die Stationsblätter in Klassenstärke kopieren. Bei den Lösungen reicht es aus, wenn ein paar wenige Kopien an der Lösungsstation liegen. Für einige Stationen brauchen die Kinder Scheren, Kleber und Buntstifte. Sie sollten diese daher immer dabeihaben.

- **Station 1:** Hilfreich ist es, wenn Sie an der Lösungsstation ein fertig gebasteltes Büchlein bereitlegen.
- **Station 2:** Für das Basteln des Fensterbildes benötigen die Schüler Transparentpapier. Hilfreich ist es, wenn ein fertiges Fensterbild zum Anschauen bereitliegt.
- **Station 3:** Für diese Station sollten Sie Decken oder Stoff bereitlegen. Die Antworten zu den Aufgabenstellungen sind offen.
- **Station 4:** Für die zweite Klasse sollten Sie zusätzlich zum ersten Stationsblatt auch das Gebet von Jona kopieren. Es reicht, wenn Sie ein paar wenige Kopien bereitlegen.
- **Station 9:** Für diese Station brauchen die Schüler weiße Pappteller und verschiedene Bastelmaterialien (z. B. buntes Papier, Pappe, Wollreste ...). Als Beispiel können Sie einen fertig gestalteten Pappteller bereitlegen.
- **Station 13:** Für die erste Klasse müssen Sie beide Stationsblätter in Klassenstärke kopieren, für die zweite Klasse das erste Stationsblatt in Klassenstärke. Bei den Tipps reicht es aus, wenn ein paar wenige Kopien vorliegen.

Lösungen zu den Stationen

Für die erste Klasse sollten Sie zu diesen Stationen die Lösungen bereitlegen:
Station 1, Station 7, Station 12, Station 13 und Station 14

Für die zweite Klasse sollten Sie zu diesen Stationen die Lösungen bereitlegen:
Station 1, Station 5, Station 6, Station 7, Station 12, Station 13 und Station 14

Wir wünschen Ihnen viel Freude und Erfolg mit dieser Lernwerkstatt!

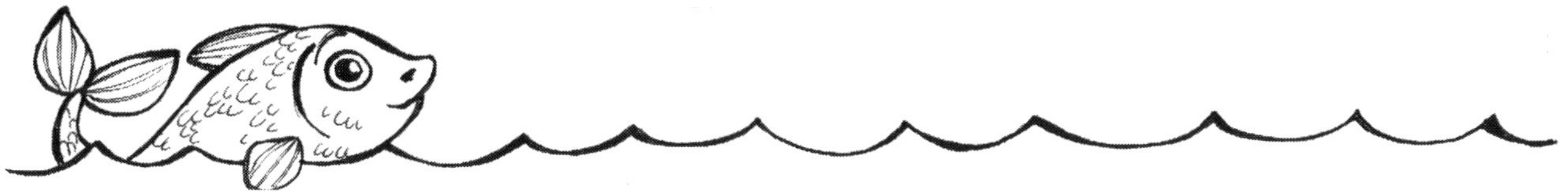

Laufzettel

Name: ______________________________

Station	erledigt	Unterschrift
1 – Das Jona-Buch		
2 – Ein Fensterbild		
3 – Jona im Bauch des Fisches		
4 – Jona betet zu Gott		
5 – Auftrag an Jona		
6 – Befehle des Königs		
7 – Die Stadt Ninive		
8 – Jona und der Strauch		
9 – Jonas Abenteuer		
10 – Auch ich kenne Angst		
11 – Auch ich kenne Geborgenheit		
12 – Angst und Geborgenheit		
13 – Gott in der Jona-Geschichte		
14 – Das Jona-Rätsel		

Station 1 – Das Jona-Buch (1)

1. Schneide die Seiten aus.
2. Ordne sie.
3. Male sie aus.
4. Kontrolliere sie.
5. Klebe sie zu einem Buch zusammen.

	 Jona wird ins Meer geworfen.
	 Jona wird gerettet.

Station 1 – Das Jona-Buch (2)

	 Jona geht nach Ninive.
	 Ein Sturm kommt auf.
	 Jona flieht.

Station 2 – Ein Fensterbild

1. Schneide den Fisch aus.
2. Schneide den Kreis im Fisch aus.
3. Klebe Transparentpapier von hinten über den Kreis.
4. Schneide Jona aus.
5. Male alles aus.
6. Klebe Jona von hinten in den Kreis.

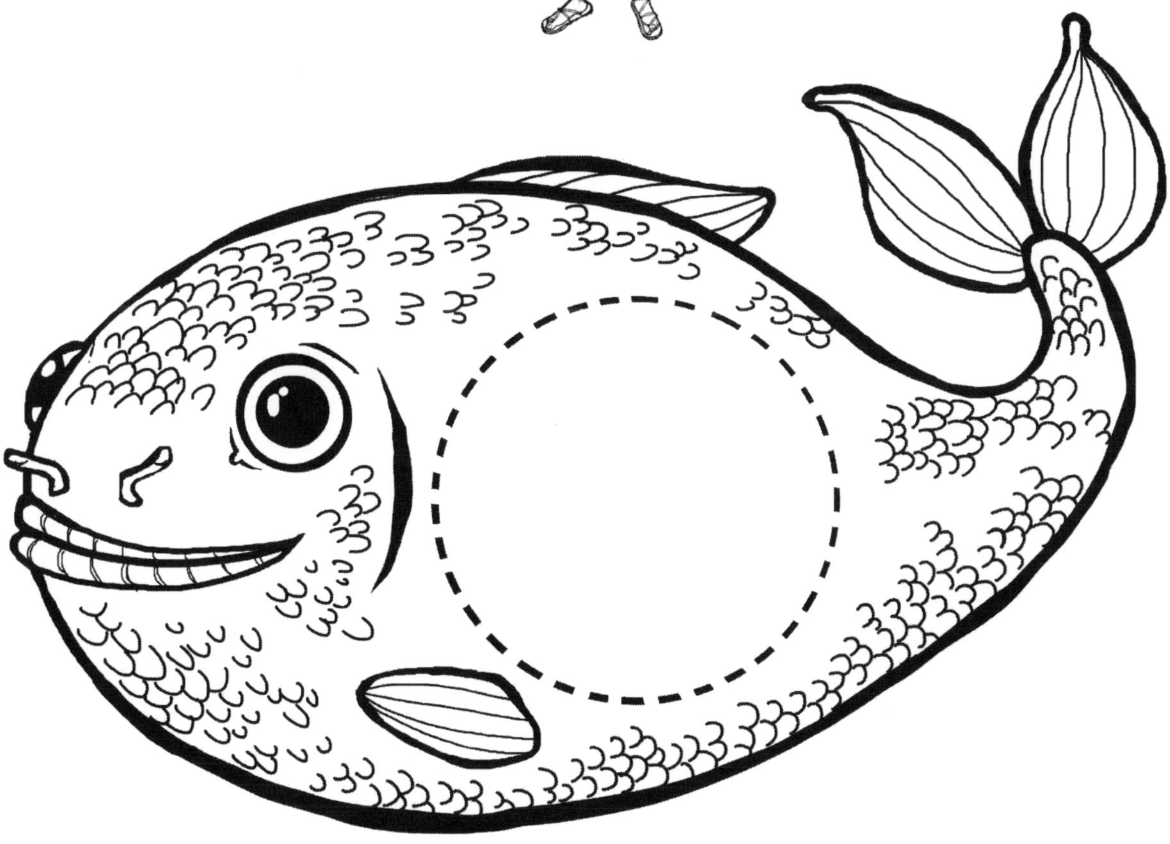

Station 3 – Jona im Bauch des Fisches

1. Spiele Jona. Die Decke ist der Fisch.
2. Wie fühlt sich Jona? Schreibe auf, was passt.

ängstlich fröhlich dankbar wütend

geborgen zornig

Station 4 – Jona betet zu Gott

1. Lies das Gebet.
2. Erzähle, worum es geht.
3. Male einen schönen Rahmen.

Lieber Gott,

Du hast mich gerettet.

Ich bin nicht allein. Du bist bei mir.

Ich kann mich auf dich verlassen.

Du lässt mich nicht im Stich.

Ich danke dir.

Station 5 – Auftrag an Jona

1. Schau dir das Bild an.
2. Erzähle, was du darauf siehst.
3. Male das Bild an.

Station 6 – Befehle des Königs

Male zwei Befehle.

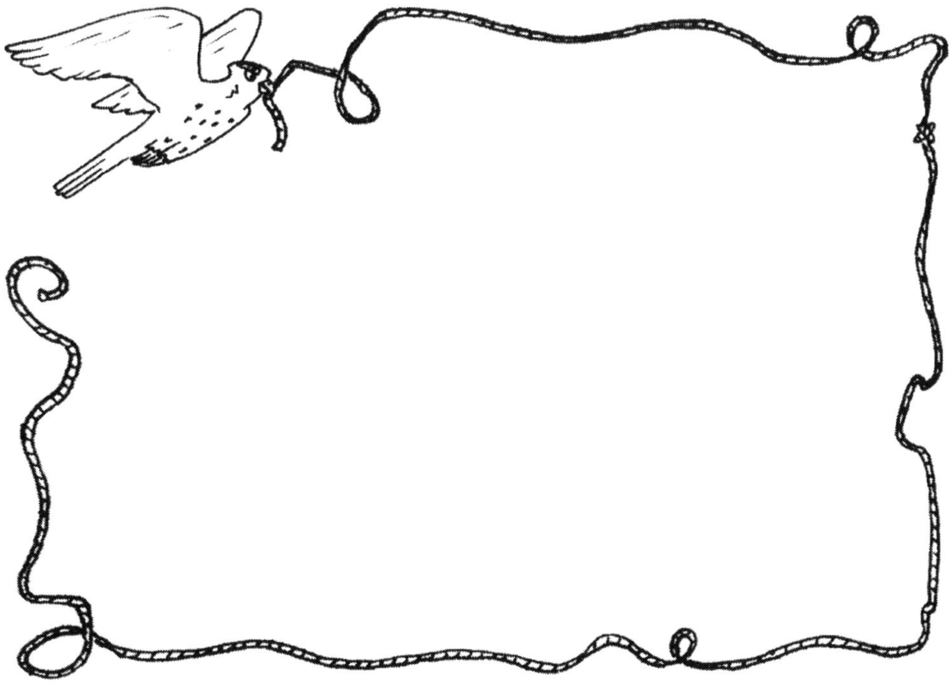

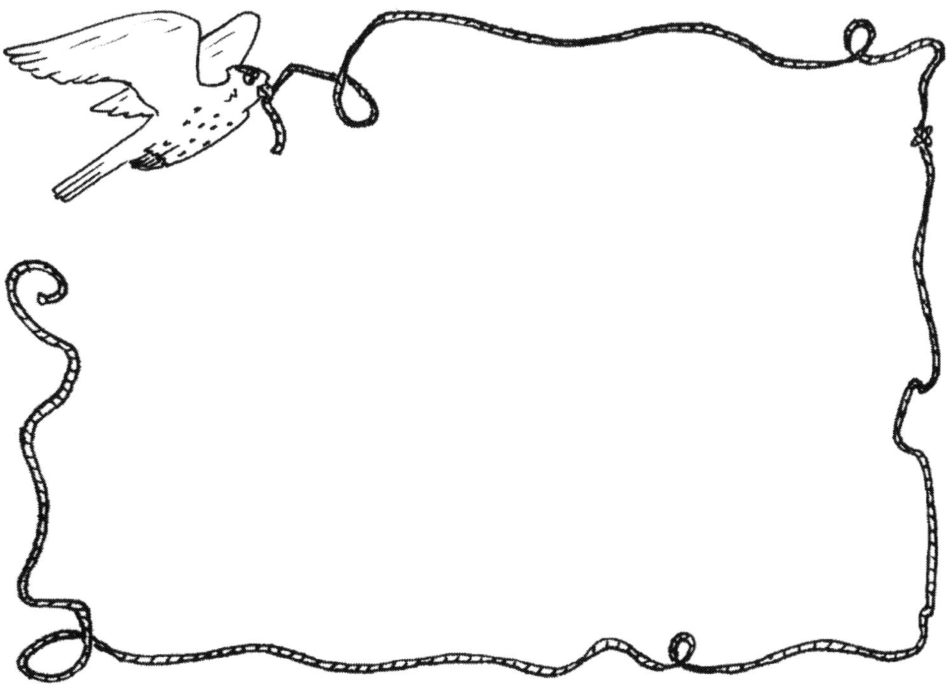

Station 7 – Die Stadt Ninive

1. Lies die Wörter unten auf der Seite.
2. Male an, was zu den Menschen in Ninive passt.
3. Kontrolliere.

gemein freundlich

vergeben böse gütig

hassen nett

hilfsbereit neidisch

streiten

Station 8 – Jona und der Strauch

1. Betrachte die Bilder.
2. Male sie aus.
3. Was ist passiert?

Station 9 – Jonas Abenteuer

1. Suche dir eine Überschrift aus.

Jona geht nach Ninive

Jona flieht

Ein Sturm kommt auf

Jona im Meer

Jona wird gerettet

2. Male und bastle dazu auf dem Teller.
3. Zeige deinen Teller einem Kind. Das Kind soll die Überschrift erraten.

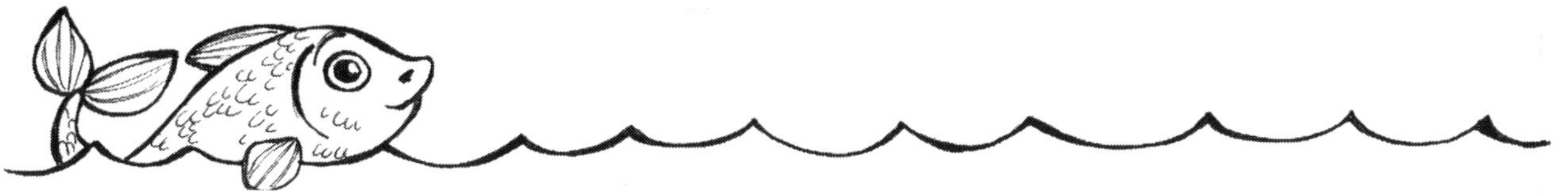

Station 10 – Auch ich kenne Angst

1. Wann hatte Jona Angst? Male ein Bild.
2. Wann hattest du Angst? Male ein Bild.
3. Erzähle zu den Bildern.

Station 11 – Auch ich kenne Geborgenheit

1. Wann fühlte sich Jona geborgen? Male ein Bild. 
2. Wann fühlst du dich geborgen? Male ein Bild. 
3. Erzähle zu den Bildern. 

Station 12 – Angst und Geborgenheit

1. Schreibe die richtige Überschrift auf.
2. Kontrolliere.
3. Erzähle zu den Bildern.

Angst Geborgenheit

Station 13 – Gott in der Jona-Geschichte (1)

1. Schneide die Begriffe aus. 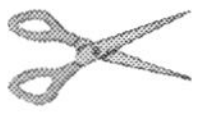
2. Klebe sie auf. 
3. Kontrolliere sie. 

So ist Gott ...

... am Anfang der Geschichte.	... am Ende der Geschichte.

Station 13 – Gott in der Jona-Geschichte (2)

Hier findest du die Begriffe zum Ausschneiden.

vergibt	wütend
böse	gütig
zornig	zeigt Erbarmen
hat Mitleid	nachsichtig

Station 14 – Das Jona-Rätsel

1. Finde acht Wörter. 
2. Male sie an. 
3. Kontrolliere. 

Jona Fisch Ninive Gott

Angst Schiff Geborgenheit Auftrag

A	X	C	J	B	N	U	A	I	M	N	T
G	E	B	O	R	G	E	N	H	E	I	T
D	G	V	N	A	Q	Y	G	K	L	N	B
S	D	R	A	B	M	A	S	X	Y	I	Q
C	H	J	K	L	O	P	T	W	X	V	J
H	V	M	C	R	U	I	P	G	D	E	Y
I	F	B	G	O	T	T	N	B	Y	W	A
F	M	U	I	P	A	U	F	T	R	A	G
F	I	S	C	H	S	C	A	X	T	E	S

Lernbiene®

Station 1 – Das Jona-Buch (1)

1. Schneide die einzelnen Seiten aus.
2. Finde die richtige Reihenfolge.
3. Male die Bilder an und finde jeweils eine Überschrift.
4. Kontrolliere deine Ergebnisse an der Lösungsstation.
5. Klebe die einzelnen Seiten jeweils auf den Klebeflächen links zu einem Buch zusammen.

Station 1 – Das Jona-Buch (2)

	 ____________________
	 ____________________
	 ____________________

Station 2 – Ein Fensterbild

1. Schneide den Fisch und den Kreis aus.
2. Klebe Transparentpapier von hinten über den Kreis.
3. Schneide Jona aus.
4. Male ihn an.
5. Klebe Jona hinter das Transparentpapier.
6. Male den Fisch an.

Station 3 – Jona im Bauch des Fisches

1. Nimm dir eine Decke und verstecke dich darunter.
2. Stell dir vor, du bist Jona. Wie fühlst du dich?
3. Schreibe Jonas Gefühle in die Gedankenblase.

Station 4 – Jona betet zu Gott (1)

1. Jona ist im Bauch des Fisches. Er betet zu Gott. Überlege, was Jona zu Gott sagen könnte.
2. Schreibe ein Gebet in die Sprechblase.
3. Vergleiche dein Gebet mit dem Gebet von Jona auf Seite 2.
   Welche Gemeinsamkeiten gibt es? Erzähle sie deinem Nachbarn.

Station 4 – Jona betet zu Gott (2)

Lieber Gott,

Du hast mich gerettet.

Ich bin nicht allein. Du bist bei mir.

Ich kann mich auf dich verlassen.

Du lässt mich nicht im Stich.

Ich danke dir.

Station 5 – Auftrag an Jona

1. Suche dir einen Partner.
2. Schaut euch das Bild genau an und erzählt euch dazu.
3. Beantwortet gemeinsam die Fragen.

Welchen Auftrag habt ihr schon einmal bekommen?

___

Habt ihr auch unangenehme Aufträge bekommen? Wenn ja, welche?

___

___

Muss man Aufträge erfüllen? Begründet.

___

___

Warum will Jona Gottes Auftrag nicht erfüllen?

___

___

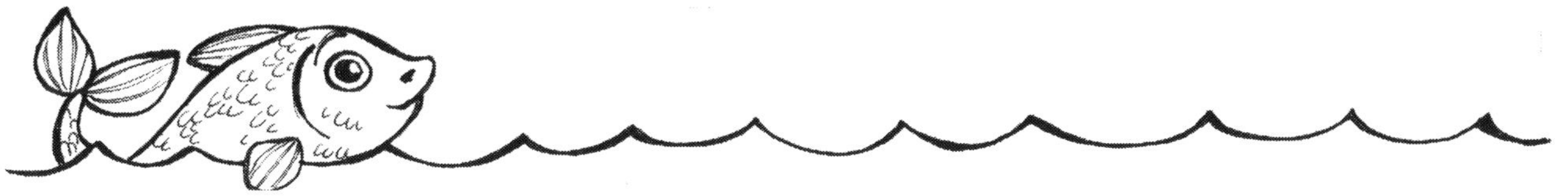

Station 6 – Befehle des Königs

1. Schreibe die Befehle des Königs auf.
2. Überlege mit einem Partner, warum der König diese Befehle gegeben hat.

Station 7 – Die Stadt Ninive

1. Hier sind sechs Begriffe versteckt. Sie passen zur Stadt Ninive und zu ihren Bewohnern. Finde sie und male sie an. Die Begriffe sind senkrecht und waagerecht versteckt.
2. Kontrolliere.

K	J	C	V	U	S	E	Q	Z
N	I	N	H	N	R	S	O	P
H	K	R	P	F	W	T	X	H
A	V	F	B	R	M	R	T	I
S	W	C	G	E	M	E	I	N
S	A	T	Z	U	I	I	B	C
O	T	V	W	N	A	T	Z	U
N	J	R	Q	D	A	E	Y	V
M	D	F	D	L	X	N	I	B
S	A	N	E	I	D	Ä	P	Ö
T	V	D	B	C	U	W	A	S
L	B	N	M	H	K	Ö	T	E

Station 8 – Jona und der Strauch

1. Betrachte die Bilder.
2. Male sie aus.
3. Was zeigen die Bilder? Beschreibe sie mit einem Partner.
4. Diskutiert, warum Gott das tut.

Station 9 – Jonas Abenteuer

1. Suche dir eine Überschrift aus.

Jona geht nach Ninive

Jona flieht

Ein Sturm kommt auf

Jona im Meer

Jona wird gerettet

2. Male und bastle passend zur Überschrift auf dem Teller.
3. Bildet Gruppen von jeweils fünf Schülern. Versucht, gegenseitig die Überschriften zu euren Tellern zu erraten.
4. Ordnet eure Teller nach der Reihenfolge so, wie sie in der Geschichte vorkommen.

Station 10 – Auch ich kenne Angst

1. Suche dir einen Partner.
2. Wann hatte Jona Angst? Spielt es in einem Rollenspiel nach.
3. Wann hattest du Angst? Male ein Bild dazu in den Rahmen.
4. Was hat dir gegen die Angst geholfen? Erzähle davon.

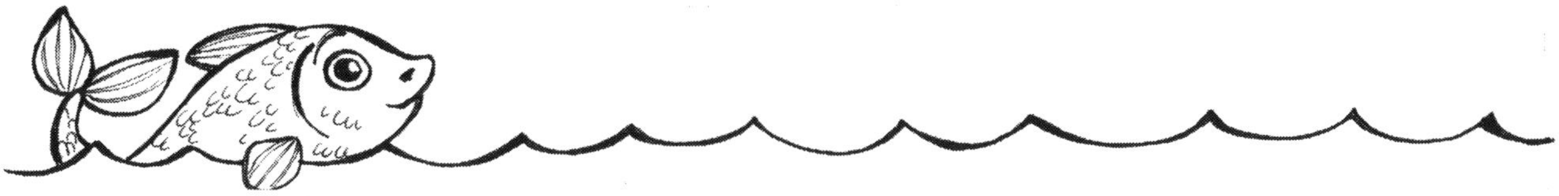

Station 11 – Auch ich kenne Geborgenheit

1. Suche dir einen Partner.
2. Wann fühlte sich Jona geborgen?

   Spielt es in einem Rollenspiel nach.
3. Wann fühlst du dich geborgen? Male ein Bild dazu.
4. Warum fühlst du dich in diesem Moment geborgen? Erzähle davon.

Station 12 – Angst und Geborgenheit

1. „Angst" oder „Geborgenheit"? Welche Überschrift passt zu welchem Bild? Schreibe unter jedes Bild die passende Überschrift.
2. Kontrolliere.
3. Überlege, welche Farben zu dem jeweiligen Gefühl passen. Male die Bilder in den passenden Farben an.

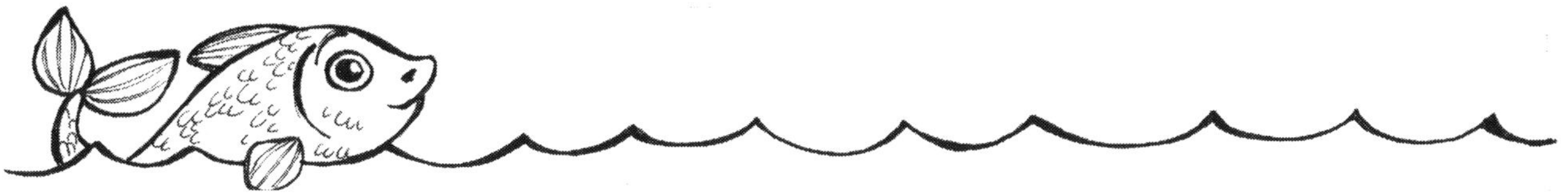

Station 13 – Gott in der Jona-Geschichte (1)

1. Beschreibe, was man über Gott in der Jona-Geschichte erfährt.
   Wie ist Gott am Anfang und wie am Ende der Geschichte?
   Wenn du nicht weiterkommst, lies den Tipp auf dem zweiten Blatt.
2. Kontrolliere.

Gott am Anfang der Geschichte	Gott am Ende der Geschichte

Station 13 – Gott in der Jona-Geschichte (2)

Tipp: Hier sind einige Begriffe, die dir vielleicht weiterhelfen:

- vergibt die Schuld
- wütend
- gütig
- nachsichtig
- böse
- zornig
- hat Mitleid
- zeigt Erbarmen

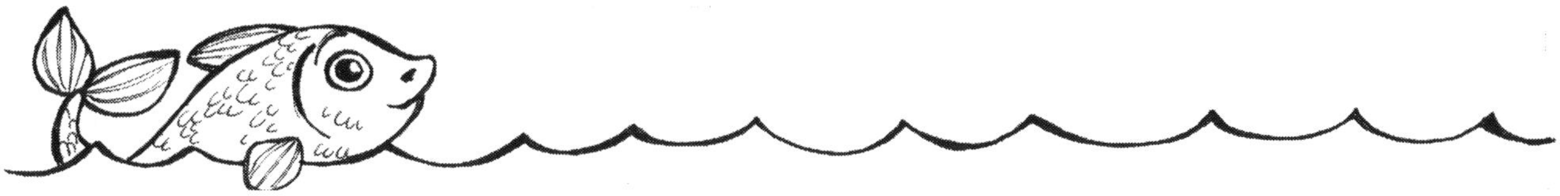

Station 14 – Das Jona-Rätsel

1. Suche dir einen Partner.
2. Löst zusammen das Rätsel.
3. Kontrolliert.

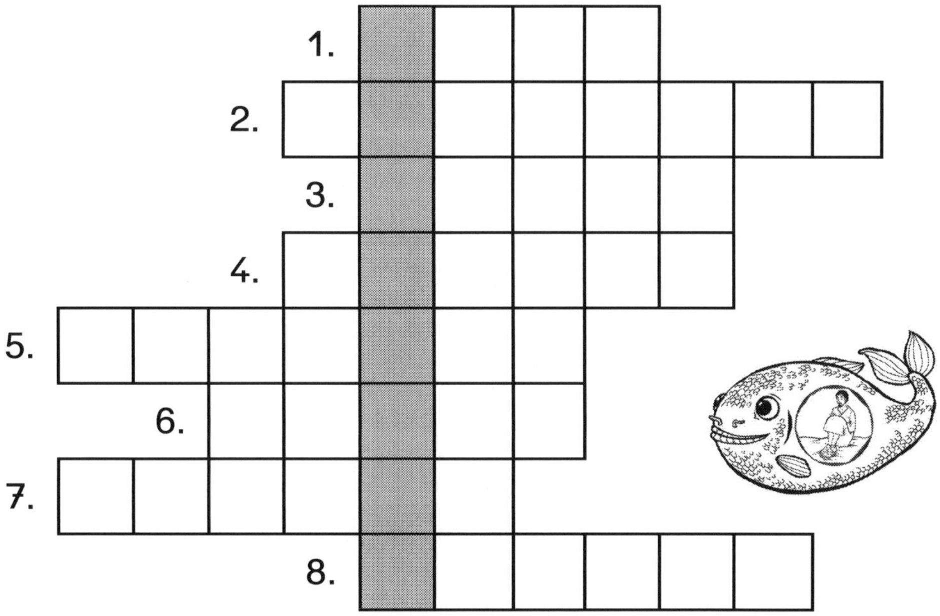

1. Von ihm bekommt Jona seinen Auftrag.
2. Sie werfen Jona ins Meer.
3. Das tut Jona im Bauch des Fisches.
4. So ist Gott am Anfang der Geschichte.
5. Gott gibt Jona einen ...
6. Das fühlt Jona, als er ins Meer geworfen wird.
7. Gott ist verärgert, weil die Menschen einander ...
8. Name der Stadt, in die Jona gehen soll.

Lösung Station 1 – Das Jona-Buch (1)

1. Schneide die Seiten aus.
2. Ordne sie.
3. Male sie aus.
4. Kontrolliere sie.
5. Klebe sie zu einem Buch zusammen.

	 Jona flieht.
	 Ein Sturm kommt auf.

Lösung Station 1 – Das Jona-Buch (2)

Jona wird ins Meer geworfen.

Jona wird gerettet.

Jona geht nach Ninive.

Lösung Station 7 – Die Stadt Ninive

1. Lies die Wörter unten auf der Seite.
2. Male an, was zu den Menschen in Ninive passt.
3. Kontrolliere.

gemein freundlich

vergeben böse gütig

hassen nett

hilfsbereit neidisch

streiten

Lösung Station 12 – Angst und Geborgenheit

1. Schreibe die richtige Überschrift auf.
2. Kontrolliere.
3. Erzähle zu den Bildern.

Angst Geborgenheit

Geborgenheit

Angst

Lösung Station 13 – Gott in der Jona-Geschichte

1. Schneide die Begriffe aus. 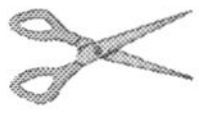
2. Klebe sie auf. 
3. Kontrolliere sie. 

So ist Gott ...

... am Anfang der Geschichte.	... am Ende der Geschichte.
zornig	vergibt
wütend	hat Mitleid
böse	gütig
	zeigt Erbarmen
	nachsichtig

Lösung Station 14 – Das Jona-Rätsel

1. Finde acht Wörter. 
2. Male sie an. 
3. Kontrolliere. 

Jona Fisch Ninive Gott

Angst Schiff Geborgenheit Auftrag

A	X	C	J	B	N	U	A	I	M	N	T
G	E	B	O	R	G	E	N	H	E	I	T
D	G	V	N	A	Q	Y	G	K	L	N	B
S	D	R	A	B	M	A	S	X	Y	I	Q
C	H	J	K	L	O	P	T	W	X	V	J
H	V	M	C	R	U	I	P	G	D	E	Y
I	F	B	G	O	T	T	N	B	Y	W	A
F	M	U	I	P	A	U	F	T	R	A	G
F	I	S	C	H	S	C	A	X	T	E	S

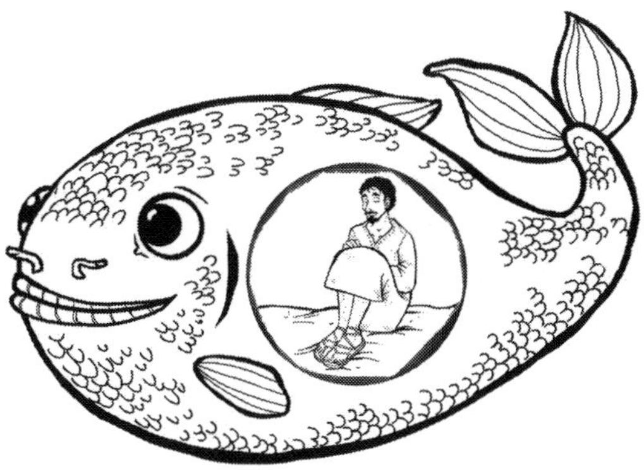

Station 1 – Das Jona-Buch (1)

1. Schneide die Seiten aus.
2. Ordne sie.
3. Male sie aus.
4. Kontrolliere sie.
5. Klebe sie zu einem Buch zusammen.

Jona wird ins Meer geworfen.

Jona wird gerettet.

Station 1 – Das Jona-Buch (2)

	 Jona geht nach Ninive.
	 Ein Sturm kommt auf.
	 Jona flieht.

Station 1 – Das Jona-Buch (1)

1. Schneide die Seiten aus.
2. Ordne sie.
3. Male sie aus.
4. Kontrolliere sie.
5. Klebe sie zu einem Buch zusammen.

	 Jona wird ins Meer geworfen.
	 Jona wird gerettet.

Station 1 – Das Jona-Buch (2)

	 Jona geht nach Ninive.
	 Ein Sturm kommt auf.
	 Jona flieht.

Station 1 – Das Jona-Buch (1)

1. Schneide die Seiten aus.
2. Ordne sie.
3. Male sie aus.
4. Kontrolliere sie.
5. Klebe sie zu einem Buch zusammen.

Jona wird ins Meer geworfen.

Jona wird gerettet.

Station 1 – Das Jona-Buch (2)

	 Jona geht nach Ninive.
	 Ein Sturm kommt auf.
	 Jona flieht.

Station 1 – Das Jona-Buch (1)

1. Schneide die Seiten aus.
2. Ordne sie.
3. Male sie aus.
4. Kontrolliere sie.
5. Klebe sie zu einem Buch zusammen.

Jona wird ins Meer geworfen.

Jona wird gerettet.

Station 1 – Das Jona-Buch (2)

	 Jona geht nach Ninive.
	 Ein Sturm kommt auf.
	 Jona flieht.

Station 1 – Das Jona-Buch (1)

1. Schneide die Seiten aus.
2. Ordne sie.
3. Male sie aus.
4. Kontrolliere sie.
5. Klebe sie zu einem Buch zusammen.

Jona wird ins Meer geworfen.

Jona wird gerettet.

Station 1 – Das Jona-Buch (2)

	 Jona geht nach Ninive.
	 Ein Sturm kommt auf.
	 Jona flieht.

Station 1 – Das Jona-Buch (1)

1. Schneide die Seiten aus.
2. Ordne sie.
3. Male sie aus.
4. Kontrolliere sie.
5. Klebe sie zu einem Buch zusammen.

Jona wird ins Meer geworfen.

Jona wird gerettet.

Station 1 – Das Jona-Buch (2)

	 Jona geht nach Ninive.
	 Ein Sturm kommt auf.
	 Jona flieht.

Station 1 – Das Jona-Buch (1)

1. Schneide die Seiten aus.
2. Ordne sie.
3. Male sie aus.
4. Kontrolliere sie.
5. Klebe sie zu einem Buch zusammen.

	 Jona wird ins Meer geworfen.
	 Jona wird gerettet.

Station 1 – Das Jona-Buch (2)

	 Jona geht nach Ninive.
	 Ein Sturm kommt auf.
	 Jona flieht.

Station 1 – Das Jona-Buch (1)

1. Schneide die Seiten aus.
2. Ordne sie.
3. Male sie aus.
4. Kontrolliere sie.
5. Klebe sie zu einem Buch zusammen.

Jona wird ins Meer geworfen.

Jona wird gerettet.

Station 1 – Das Jona-Buch (2)

	 Jona geht nach Ninive.
	 Ein Sturm kommt auf.
	 Jona flieht.

Station 1 – Das Jona-Buch (1)

1. Schneide die Seiten aus.
2. Ordne sie.
3. Male sie aus.
4. Kontrolliere sie.
5. Klebe sie zu einem Buch zusammen.

Jona wird ins Meer geworfen.

Jona wird gerettet.

Station 1 – Das Jona-Buch (2)

	 Jona geht nach Ninive.
	 Ein Sturm kommt auf.
	 Jona flieht.

Station 1 – Das Jona-Buch (1)

1. Schneide die Seiten aus.
2. Ordne sie.
3. Male sie aus.
4. Kontrolliere sie.
5. Klebe sie zu einem Buch zusammen.

	 Jona wird ins Meer geworfen.
	 Jona wird gerettet.

Station 1 – Das Jona-Buch (2)

	 Jona geht nach Ninive.
	 Ein Sturm kommt auf.
	 Jona flieht.

Station 1 – Das Jona-Buch (1)

1. Schneide die Seiten aus.
2. Ordne sie.
3. Male sie aus.
4. Kontrolliere sie.
5. Klebe sie zu einem Buch zusammen.

	 Jona wird ins Meer geworfen.
	 Jona wird gerettet.

Station 1 – Das Jona-Buch (2)

	 Jona geht nach Ninive.
	 Ein Sturm kommt auf.
	 Jona flieht.

Station 1 – Das Jona-Buch (1)

1. Schneide die Seiten aus.
2. Ordne sie.
3. Male sie aus.
4. Kontrolliere sie.
5. Klebe sie zu einem Buch zusammen.

	 Jona wird ins Meer geworfen.
	 Jona wird gerettet.

Station 1 – Das Jona-Buch (2)

	 Jona geht nach Ninive.
	 Ein Sturm kommt auf.
	 Jona flieht.

Station 1 – Das Jona-Buch (1)

1. Schneide die Seiten aus.
2. Ordne sie.
3. Male sie aus.
4. Kontrolliere sie.
5. Klebe sie zu einem Buch zusammen.

Jona wird ins Meer geworfen.

Jona wird gerettet.

Station 1 – Das Jona-Buch (2)

Jona geht nach Ninive.

Ein Sturm kommt auf.

Jona flieht.

Station 1 – Das Jona-Buch (1)

1. Schneide die Seiten aus.
2. Ordne sie.
3. Male sie aus.
4. Kontrolliere sie.
5. Klebe sie zu einem Buch zusammen.

Jona wird ins Meer geworfen.

Jona wird gerettet.

Station 1 – Das Jona-Buch (2)

	 Jona geht nach Ninive.
	 Ein Sturm kommt auf.
	 Jona flieht.

Beispiellösung Station 1 – Das Jona-Buch (1)

1. Schneide die einzelnen Seiten aus.
2. Finde die richtige Reihenfolge.
3. Male die Bilder an und finde jeweils eine Überschrift.
4. Kontrolliere deine Ergebnisse an der Lösungsstation.
5. Klebe die einzelnen Seiten jeweils auf den Klebeflächen links zu einem Buch zusammen.

	 Jona flieht.
	 Ein Sturm kommt auf.

Beispiellösung Station 1 – Das Jona-Buch (2)

	 Jona wird ins Meer geworfen.
	 Jona wird gerettet.
	 Jona geht nach Ninive.

Lösung Station 5 – Auftrag an Jona

1. Suche dir einen Partner.
2. Schaut euch das Bild genau an und erzählt euch dazu.
3. Beantwortet gemeinsam die Fragen.

Welchen Auftrag habt ihr schon einmal bekommen?

Habt ihr auch unangenehme Aufträge bekommen? Wenn ja, welche?

Muss man Aufträge erfüllen? Begründet.

Warum will Jona Gottes Auftrag nicht erfüllen?

Mögliche Antworten: Jona gefällt der Auftrag nicht. Er hat Angst. Jona ist noch nicht bereit, Gottes Auftrag zu erfüllen.

Beispiellösung Station 6 – Befehle des Königs

1. Schreibe die Befehle des Königs auf.
2. Überlege mit einem Partner, warum der König diese Befehle gegeben hat.

Niemand darf essen oder trinken.

Die Menschen sollen ein Trauergewand anziehen und zu Gott beten.

Die Menschen sollen aufhören, Unrecht zu tun und ein neues Leben anfangen.

Lösung Station 7 – Die Stadt Ninive

1. Hier sind sechs Begriffe versteckt. Sie passen zur Stadt Ninive und zu ihren Bewohnern. Finde sie und male sie an. Die Begriffe sind senkrecht und waagerecht versteckt.
2. Kontrolliere.

K	J	C	V	U	S	E	Q	Z
N	I	N	H	N	R	S	O	P
H	K	R	P	F	W	T	X	H
A	V	F	B	R	M	R	T	I
S	W	C	G	E	M	E	I	N
S	A	T	Z	U	I	I	B	C
O	T	V	W	N	A	T	Z	U
N	J	R	Q	D	A	E	Y	V
M	D	F	D	L	X	N	I	B
S	A	N	E	I	D	Ä	P	Ö
T	V	D	B	C	U	W	A	S
L	B	N	M	H	K	Ö	T	E

Lösung Station 12 – Angst und Geborgenheit

1. „Angst" oder „Geborgenheit"? Welche Überschrift passt zu welchem Bild? Schreibe unter jedes Bild die passende Überschrift.
2. Kontrolliere.
3. Überlege, welche Farben zu dem jeweiligen Gefühl passen. Male die Bilder in den passenden Farben an.

Geborgenheit

Angst

Lösung Station 13 – Gott in der Jona-Geschichte

1. Beschreibe, was man über Gott in der Jona-Geschichte erfährt.
   Wie ist Gott am Anfang und wie am Ende der Geschichte?
   Wenn du nicht weiterkommst, lies den Tipp auf dem zweiten Blatt.
2. Kontrolliere.

Gott am Anfang der Geschichte	Gott am Ende der Geschichte
zornig	vergibt die Schuld
wütend	hat Mitleid
böse	gütig
	zeigt Erbarmen
	nachsichtig

Lösung Station 14 – Das Jona-Rätsel

1. Suche dir einen Partner.
2. Löst zusammen das Rätsel.
3. Kontrolliert.

1.					G	O	T	T			
2.				S	E	E	L	E	U	T	E
3.					B	E	T	E	N		
4.				Z	O	R	N	I	G		
5.	A	U	F	T	R	A	G				
6.			A	N	G	S	T				
7.	H	A	S	S	E	N					
8.					N	I	N	I	V	E	

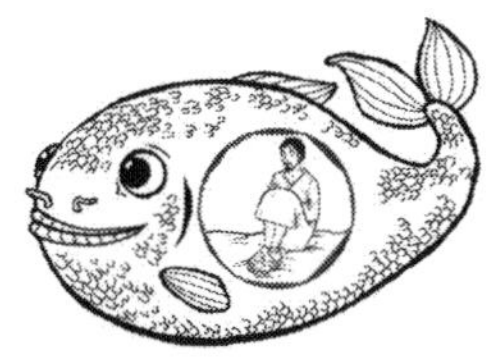

1. Von ihm bekommt Jona seinen Auftrag.
2. Sie werfen Jona ins Meer.
3. Das tut Jona im Bauch des Fisches.
4. So ist Gott am Anfang der Geschichte.
5. Gott gibt Jona einen ...
6. Das fühlt Jona, als er ins Meer geworfen wird.
7. Gott ist verärgert, weil die Menschen einander ...
8. Name der Stadt, in die Jona gehen soll.

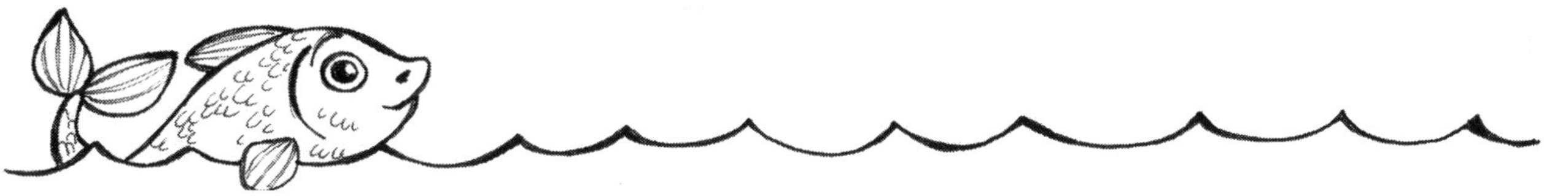

Jona und der Fisch (1)

Gott sprach zu Jona: „Gehe in die Stadt Ninive und sage dort den Menschen: Ich kann nicht länger mit ansehen, wie gemein und böse ihr seid. Ihr streitet und hasst euch, ihr quält die Tiere, ihr seid neidisch und unfreundlich zueinander. Ein schreckliches Strafgericht wird über eure Stadt kommen!"

Doch Jona wollte diese Botschaft Gottes nicht überbringen.
So beschloss er zu fliehen. Er ging zum Hafen und fand dort ein Schiff, das ihn weit wegbringen sollte.

Da ließ Gott einen heftigen Sturm über das Meer brausen. Die Wellen schlugen hoch gegen das Schiff. Die Seeleute bekamen Angst.
Sie beteten zu Gott und baten ihn um Hilfe. Doch der Sturm ließ nicht nach. „Ich bin schuld", sagte Jona. „Ich habe missachtet, was Gott mir befohlen hat. Deswegen geschieht das." Als die Seeleute das hörten, bekamen sie noch mehr Angst. „Was sollen wir nur tun, damit wir nicht alle im Sturm umkommen?" „Werft mich ins Meer", sagte Jona.
„Dann wird der Sturm sich beruhigen." Die Seeleute weigerten sich zuerst. Doch als der Sturm nicht aufhörte, warfen sie Jona ins Meer.
Die Wellen beruhigten sich sofort, der Sturm war vorbei.

Jona aber drohte zu ertrinken, er sank immer tiefer und tiefer. Er hatte große Angst. Da schickte Gott einen großen Fisch. Er verschlang Jona.
Im Fischbauch war Jona sicher und geborgen. Voller Dankbarkeit betete er zu Gott. Gott hörte das Gebet und befahl dem Fisch:
„Schwimme ans Ufer und lasse Jona frei."

Jona und der Fisch (2)

Und Gott sprach erneut zu Jona: „Gehe in die Stadt Ninive und sag dort den Menschen: Ich kann es nicht länger mit ansehen, wie gemein und böse ihr seid. Ihr streitet und hasst euch, ihr quält die Tiere, ihr seid neidisch und unfreundlich zueinander. Ein schreckliches Strafgericht wird über eure Stadt kommen!"

Diesmal hörte Jona auf Gott. Er machte sich auf den Weg nach Ninive. In der Stadt erzählte Jona den Menschen, was Gott ihm gesagt hatte. Er predigte zu ihnen. Als sie das hörten, erschraken sie. Der König zog sein königliches Gewand aus, tauschte es gegen ein einfaches Trauergewand und setzte sich auf einen Aschehaufen. Damit wollte er zeigen, dass er seine Sünden bereute. Dann ließ er verkünden: „Niemand darf essen, niemand darf trinken. Alle Menschen in Ninive sollen ihr Trauergewand anziehen und zu Gott beten. Hört auf, Unrecht zu tun, und fangt ein neues Leben an. Vielleicht vergibt Gott uns unsere Schuld und ist gnädig mit uns."

Als Gott sah, dass die Menschen ihre Sünden bereuten, vergab er ihnen. Jona gefiel das aber nicht. Er wurde zornig: „Es ist genau das eingetroffen, was ich befürchtet habe. Ich wusste von Anfang an, dass du ein gütiger und barmherziger Gott bist und dass deine Liebe grenzenlos ist. Du machst deine Drohungen ja doch nicht wahr."
Jona verließ Ninive und baute sich vor der Stadt eine Hütte. Gott ließ dort einen Rizinusstrauch wachsen. Das freute Jona, denn er spendete ihm Schatten. Am nächsten Morgen schickte Gott aber einen Wurm, der die Wurzeln des Strauchs fraß. Der Strauch verdorrte.

Jona und der Fisch (3)

Jona brannte die Sonne auf den Kopf. Er jammerte, weil der Strauch verdorrt war. Da sagte Gott zu Jona: „Du hast den Strauch nicht wachsen lassen, du hast ihn auch nicht gepflegt. Er ist an einem Tag gewachsen und an einem Tag gestorben. Trotzdem tut er dir leid.
Wie soll mir dann die Stadt Ninive nicht leid tun, mit ihren vielen Menschen und Tieren?" Da dachte Jona: „Mein Gott ist ein gütiger Gott. Er vergibt den Menschen ihre Schuld."